Illustrationen
von Carl Hoffmann

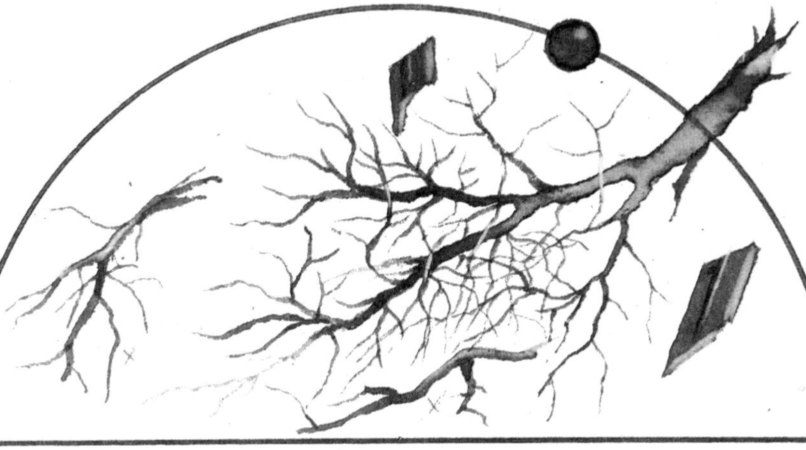

DER WIND IST AUS LUFT

Ein Bilderbuch
mit Versen
von Rainer Kirsch

Der Kinderbuchverlag
Berlin

Der Wind ist aus Luft.

Er kommt nicht,
wenn man ruft.

Er fährt

durch die Eichen.

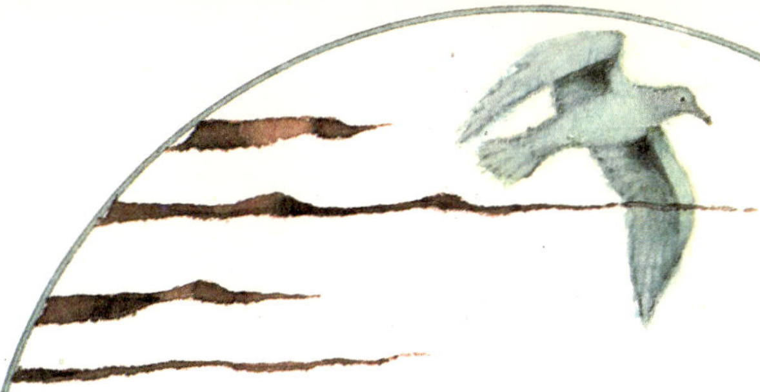

Er heult über den Teichen.

Er geigt
auf den Drähten.

Er bläst Rauch
aus den Städten.

Er jault
auf Turmstiegen.

Er bringt Dächer
zum Fliegen.

Nachts
faucht er durch Ritzen.

Er kühlt uns,
wenn wir schwitzen.

Er schleppt Wolken in Wüsten.

Schiffe
wirft er an Küsten.

Er legt sich vor Gewittern

und läßt
Stahlmasten zittern.

Hinterm Meer
kann er toben.

Unten macht er
zu oben.

Er geht sanft
durch Maiwiesen.

Wird er scharf,
muß man niesen.

Er schläft
in Sumpfgräsern.

Er dreht sich
vor Gewässern.

Er weht
über die Heide

und bestäubt das Getreide.

Er säuselt
in Herbstzweigen.

Er hilft Drachen
beim Steigen.